JN410986

골무

골무

초판 1쇄 인쇄일 2013년 10월 24일
초판 1쇄 발행일 2013년 10월 30일

지은이 김윤진
펴낸이 양옥매
디자인 오현숙
교정 장하나

펴낸곳 도서출판 책과나무
출판등록 제2012-000376
주소 서울특별시 마포구 월드컵북로 44길 37 천지빌딩 3층
대표전화 02.372.1537 **팩스** 02.372.1538
이메일 booknamu2007@naver.com
홈페이지 www.booknamu.com
ISBN 978-89-98528-70-6(03800)

이 도서의 국립중앙도서관 출판시도서목록(CIP)은 서지정보유통지원 시스템 홈페이지(http://seoji.nl.go.kr)와 국가자료공동목록시스템(http://www.nl.go.kr/kolisnet)에서 이용하실 수 있습니다.
(CIP제어번호 : CIP2013021406)

*저작권법에 의해 보호를 받는 저작물이므로 저자와 출판사의 동의 없이 내용의 일부를 인용하거나 발췌하는 것을 금합니다.

*파손된 책은 구입처에서 교환해 드립니다.

골무

김 윤 진 지음

책과나무

서 문

사람이 사는데 어찌 시련이 없을까마는 나는 살면서 그 많은 어려움을 극복해야 하는 걸음걸음이 참 많았다. 어디 봄날같이 온통 세상이 꽃으로만 물들어 있다면 해 질 녘 가을에 수학하는 기쁨이 있을 것인가?

간간히 허공을 바라보다 한 두자 적어둔 것을 그냥 자식들에게 기록으로 남겨주려고 만들게 된……. 글도 아닌 삶의 흔적이다.

지금까지 살아온 구석이 다소라도 엿보였으면 좋으련만 그렇지 않더라도 내 곁을 함께했던 사람들에게서 "참 즐겁고 값지게 살았노라"고 남은 날까지 살고 싶다.

2013年 9月

김 윤 진 저자(1944년생 전북 고창 출신)

그때만 그렇게 산 것이 아니다

방에서 잉크가 얼어붙어 아이가 글씨를 쓰지 못하고 고개를 떨구고 있더란다. 곁에서 바느질하던 어머니의 눈시울이 어떠했을까?

그 아이가 서울대학교 경영학과를 수석 졸업하고 지금 알리안츠생명보험회사의 중역자리에 있는 효자아들이다.

여기까지는 허다한 신파극의 원본 같지만 이제 할머니가 되어버린 저자는 부잣집 막내딸이었다. 예쁘고 공부도 잘하던 저자가 갑자기 기울어진 가세로 어려운 길에 접어들어, 공부하면서 눈과 마음에 보이는 것을 한없이 글로 써보는 것이 소원이었는데, 한이 응어린 채 남았단다.

삼 남매를 훌륭하게 교육시켜 출가시킨 지금도 바느질하는 것이 이제는 그 허망함을 지탱해준단다.

가슴이 두근거릴 정도로 설레는 어휘와 미사여구

가 거추장스러운 장식들이 되어야만 꼭 좋은 시나 글이 되어야만 할 이유는 없다. 머리와 가슴이 만나는 진솔함이 있다면 그것으로 충분하다.

부모를 모시거나 자식을 기르는 젊은이들이 짬 날 때 한 번씩 책장을 넘겨봤으면 좋을 것 같다.

내가 이 글을 쓰는 것은 저자의 가문과 우리 집안은 각별하였고, 저자와는 태어나면서 지금까지 허물없이 살면서 나에게는 가까운 친족과 같은 사람이기 때문이다.

손가락을 지탱해준 골무가 예쁜 바늘 길 안내하듯 그 고운 마음이 아름다운 노후로 이어지면 큰 기쁨이다.

2013年 9月

한성코리아 사장 **문 병 주**

목 차

지금까지 살아온 구석이 다소라도
엿보였으면 좋으련만
그렇지 않더라도 내 곁을 함께했던
사람들에게서
"참 즐겁고 값지게 살았노라"고 남은
날까지 살고 싶다.

내 고향 산천

내 놀던 산언덕에
멍하니 서서
내놀던 그 자리 돌아다 보니
이내 나이 사십 넘어
갱년에 서 있어도
동심이 그리워 찾아온 이 몸
고향 산천 너는 아니 너는 아느냐?

별거숭이 네 모습 그 온정
그리도 그리워 오늘 찾아
이 자리에 섰다마는
어느 누구 알쏘냐
이내 마음 애달픔을

복사 꽃 진달래 네 모습

내 어머님의 온정을

언제나 찾아볼까 찾아볼 거나?

2013年 9月
고향을 다녀오며

조짐산

산아 산아 조짐산아
별거숭이 조짐산아
그 모습 그리워
내가 오늘 찾아왔다

벌거숭이 내 모습은 어디로 가고
푸른 산 너만이 나를 반기는 구나
옛 모습 그리워 찾아온 이 몸

그 온정 그리워
한없이 한없이 흐느끼며
힘없는 발걸음 되옮겨만 간다

1987年 4月 7日
고향을 뒤돌아 보며

별빛 불빛

반짝반짝 빛나는
아름다운 빛들
하늘에도 땅에도

검은 보자기 위에
반짝이는 저 보석들을
모두 모두 우리 집 마당에
가득히 쌓아 놓으면
얼마나 될까?
모두 다 쓸어 모아……

1987年 12月 24日, 밤
우리 마을 동산에서 시내와 밤하늘을 바라보며

눈

포근한 하얀 솜
산도 나무도 마을도
잘도 그렸네

포근한 솜 위에 뒹굴어 보고파
한 발짝 한 발짝
걸어 보며는 뽀드득뽀드득
우리를 부르며 오라 하나

딩굴 딩굴 뒹구는

어린아이들

포근한 솜이런가 만져나 보니

내가 닿은 건

오직 차가움 뿐이네

1987年 12月 21日
눈 위를 걸으며
동심으로 돌아가며

회색 빛 구름

하느님의 이불솜이
너무 오래됐나 봐

검은 솜을 넓은
하늘에 널어 놓았네

심술 궂은 찬바람은
자꾸 날려 줘
하느님은 화가 나서
검으락 푸르락
자꾸만 변해간다

1988年 1月 23日
압구정동에서 차를 기다리며 검은 하늘을 보며

춘설

산이 좋아 여길 왔나
바람 좋아 여길 왔나
산도 바람이 좋아 여길 왔노라

하얀 솜이불 가볍게 덥고
하늘을 바라보며
무얼 그리 생각에 잠겨 있는 고

나도 너를 따르련다
닮아 보련다 묵묵히 살다가
어느 날 당신께서 날 오라실제
말없이 고이 당신을 따르렵니다

2013年 4月 3日
고대 병원에 가는 길에 도봉산 춘설경이 하도나
예뻐서 70년을 살았으니 주님께서 어느 날 오라시면
조용히 가고 푼 마음

어머니

어머님 오늘 밤도 내 마음엔
어머님 품 안에 포근히
얼굴을 파묻고 잠이 들었습니다

먼-어린 시절 그 여름의 한 낮 들에서 돌아오신
어머님 팔 베개에 땀 내음
향수 삼아 시원히 불어주는
선들바람에 뒤뜰의 감나무 잎
사르랑 사르랑 사르르 소리에
자장가 삼아 사르르 눈을 감고
잠이 들었습니다

대청마루에 덩그머니 혼자 남아
선잠을 깨워 놀란 마음에
어머니를 불러 보아도

들일 가신 어머님

목 메인 나의 부름

행여 들으셨는지?

1988年 1月 2日, 밤
아버지 기제에 가지못해 잠을이루지 못해서

보람의 날

삼 년의 노력이
오늘에 결실일세
삼 년의 피땀이
이 시간에 보람일세

궂은 비 거센 바람
이겨 온 삼 년 세월
오늘에 영광 일줄
어느 누가 알았으랴

이 영광 이 기쁨은
감격의 눈물인가
감탄의 찬사일까?

마음껏 아낌없이

주고 싶은 마음

누구에게 보여 줄꼬

어디에 펴 놓을꼬

1988年 1月 12日
성현이의 졸업식을 보면서

겨울 철새

둥실둥실 두둥실
청동 오리 물 위에 두둥실
얼음 가볍게 얼어 떠 있네

추운 겨울날 아침
나도 일터 찾아가고
철새도 먹이 찾아 달린다

이 추운 날
찬물 위에 떠다니면
저 발은 얼마나 차가 울꼬

1988年 1月 2日
금호 대교를 지나며

영광의 날

기쁜 날 기쁜 날
기쁘고도 기쁜 날
암흑의 천지에 광명이
찾아왔네

내 인생 오십 밑에
처음으로 기쁜 날
영광의 오늘
이 마음을

누가 감히 생각할까
영광스런 오늘을
영원히 감사 하리

1988年 1月 27日
성현의 장학증서를 육영에서 받아오면서

매화 1

매화야 매화야
어여쁜 매화야
찬 서리 혹한 폭설
어찌 이겨 냈느냐
인생살이 고달프다
말들 하지만
내 시련 네 고달픔에
어찌 비교할 것인가
나도 너를 따르련다
참고 견뎌 보련다
북풍한설 끊임없이
몰아 쳐와도
너의 모습 너의 인내
닮고 닮아서

매화 너의 꽃 열매 맺듯이

인생 꽃 열매를

만인 앞에 보이련다

보여 보련다

1988年 2月 15日
창밖에 매화를 바라보며 인내의 참 뜻을 생각 하며
성현아빠 병중에

매화 2

무심코 창밖을 바라보다
시선은 매화 앞에 다다른다
북풍한설 몰아 추운 날에도
구김 없이 환한 모습
우리네 인생도 저 매화처럼

시련과 인내 속에 살아 본다면
인생에 꽃, 열매도 없지 않을 터
덧없는 세월과 운명을
한탄과 원망 속에
살아 가면서
큰 주름 잔주름
마음에 그려만 간다

1988年 2月 15日
창밖을 보며

안개

나뭇가지 가지마다
백발을 하고 걸터앉아
풍악산 고운 옷에 정신 잃은 양
조용히 쉬려는데

햇님이 조용히 미소 지울 때
가을바람 실바람 심술이 나서
고개만 흔들흔들 저어가면서
안개 손님 모시고 날아 가면은

저기 오는 겨울 손님
맞아들일 준비에
나무마다 부산히 단장하다가
고운 낙엽 한잎 두잎
떠나가는구나

1987年 10月 17日
가을 남산을 보며

물과 인생

흐르는 저 물은 숲도 바위도
잘도 피해 간다마는
우리네 인생살이
물도 산도 피할 길 없네

저 산 봉우리 하얀 솜구름 위에
포근히 앉아 저- 먼 곳
행복의 나라에 한없이
가고픈 마음에
오늘도 끝없이 가보았네만!

그것도 싫증날까 두려움에서
황혼을 바라보며 발걸음 달리며
내 집 문에 들어서니
내 어린 고사리손들

반가워 어쩔줄 모르는 모습은

이곳이 오로지 나의 천국 이련가

1987年 8月 10日
세검정 골짝이를 다녀 오며

춘풍화

춘풍은 님의 품에 들어
깊은 잠을 깨우고
꽃봉우리 금세라도 터질 듯
벙금-벙금

파란 새싹의 봉우리
따르려고 오르다 오르다
안 되는 냥
고개만 흔들흔들 저어 보인다

1989年 3月 11日 낮 11시
춘풍이 가슴에 스쳐 싸늘하기에 새싹을 바라보며

봄은 가고

화창한 봄날
어여쁜 꽃
범나비 하느적
노랑나비 훨훨 날더니

범나비 노랑나비
어딜 갔을꼬
회색빛 구름은
언제 어디에 낙우될지

검은 구름 오늘도
마라톤 경기에 열감을 다해
쉴 새도 없이 자꾸만
달려간다

1987年 6月 15日
우이동 산을 내려오며

세월

당신의 사랑이 우주를 감싸주고
백사장 위에 단둘이 앉아
포근하고 부드러운 당신 품에
고요히 잠든 나

꿈속의 황홀함을 영원히
간직하고파 살며시 눈을 떠보는데
당신은 당신은
저 멀리 수평선 위
흰 돛단배 위에

한쪽의 얼굴만 빼꼼히

가지 마라 붙잡아도 붙잡아도

가시는 님은 제 말씀

오늘도 들으시나요

1989年 3月 13日 밤 23시
허무히 늙어 가는 내 모습이 서글퍼서

바람과 나무

가지가 고요하려 하나
거센 바람이 흔들어
윙윙 소리 내 몸부림치고

봄비는 그 마음 달램 하듯
하염없이 내려 토돌 토돌
파릇파릇 움 돋움하면
태양은 따사로이 새싹을 수호하려
화사로이 미소를 짓는다

1989年 3月 3日 낮 11시 45분
우리 어머님 무엇이 그리 노여우신지

진달래

너와 나 석별이 삼백예순 전날
아쉬워 고개 숙여 눈물 적셨고
오늘의 상봉이 그리도 수줍고
수줍은 양

실바람 입에 물고
분홍빛 얼굴에 반짝이는
미소 지으며 태양 마차 어서 가자
재촉 하면
아지랑이 어서 오라
손짓 하는데

오늘도 힘없이 고개 숙이네

1989年 4月 1日 정오
앞집 정원에 진달래가 시들기에

그리움

행여나 내님인가 소식이련가
팔짱 끼고 고갯 마루
하염없이 바라 보며
이 몸이 철새라면 훨훨 날아서
산 넘고 바다 건너 내 님 계신 곳
가보련만

가는 세월 몇 번 가고 갔는지
백설은 머리 위에 소리 없이 내려 앉아
어느새
내 얼굴에 내 천자 그리고 가네

1989年 3月 30日 24時
내 인생이 서글퍼져서

병충목

기등 목 되려고
푸르고 곧게 잘도 자라
거목은 되었네만

때아닌 폭풍은 불어와
가지마다 꺾이고
병충은 몰려와
거목은 괴롭히고 파고드네

병충해 구조 손길
언제 와 다시
이 거목 재생을
시켜나 줄꼬

1989年 4月 13日
큰 오빠 댁을 다녀오며 피어나지 못하고
시들어 가는 오빠를 보며

백목련

화창한 날에
양 떼들 한가롭고
상공에 비둘기 자유로운데

하얀 너의 모습
천사의 반짝이는
미소 닮아
저 넓은 세계로 마음껏 날고파
실바람
황금 마차에 몸 실어본다

1989年 4月 11日 11時
명동 성당 성모님 옆의 목련이 바람에 날리는 것을 보며

구름 속에 샛별

오늘도 구름은 전전하고
칠흑의 야기는 활기를 친다
그러나!
칠흑의 야기도
영원할 수 없는 양

새벽의 샛별에 고개 숙이고
서서히 발걸음 옮겨
서쪽 나라로 가는데
태양은 맑은 이슬에

몸을 씻고 단정한 모습으로
환희 미소를 짓는다

1987年 12月 19日
어제 선생님과 학부모님들을 만나고 와서
우리 성현이가 너무나도 안타까워
권세가 이렇게 미약함을 짓밟는 것인가?

내 마을 동산

내 놀던 옛 동산에
오늘 와 돌아보니
송죽은 새움 돋아
키가 훌쩍 컷 구나

논두렁 밭두렁에
삐비꽃 희게 피어
바람결에 훨훨 날아
재생의 삶 터를 찾아가네

분홍빛 복사꽃 살구꽃
흙 담장 어디로 가고
앙상한 부르크 장만
이리저리 뒹굴어 가는고

1989年 5月 4日

방죽

서해안 반도 품에
포근히 앉아 있는데
오월 녹색 영롱하고

연분홍 너의 옛 모습은
잊힌 지 오래 인 듯

오늘 이 자리 서 있는
너의 모습은
백설만이 머리 위에
조용히 내려앉고

고왔던 너의 얼굴엔
내 천자 그려져도
어쩐지 맘 설렘은

개미처럼 검고 부지런 한

당신 모습

한 폭의 그림 같어라

1989年 5月 3日
서해안을 끼고 포근히 앉아있는 방죽 들판을 둘러보고
숙부님 산소에 다녀오며

먼훗날

먼 훗날 너와 나
무엇이 되어 그 터전에
설 건가

오늘의 얼굴엔
걱정 근심에 잔주름 가고
언제 어디서 활짝
웃는 영광의 모습들

손에 손잡고 부둥켜
안고 웃어 볼꺼나

1989年 7月 6日
학부형님들과 만나고 와서

이 꿈이 영원히

내게도 이런 일
내게도 이런 꿈이
와 닿을 줄이야

이 꿈이 영원 헛되이
되지 말고
현실의 좋은 열매로
맺어 주시옵소서

1989年 10月 4日
삼척 우리 산이 신문보도에 실려서

내 마음의 눈물

내 마음에 눈물 내리고
창밖에 빗줄기 거세네
가슴에 와 닿는 이 슬픔은
무엇일까?

대지에 지붕에 내리는
빗줄기처럼
좌악 좌악 답답한
이 마음에도 부딪쳐
모두 다 씻어 나가지

이 삶의 역겨움에 하염없이
눈물 줄기
누구를 탓하랴 운명인 것을

까닭 모른 슬픔에 더욱

가슴만 아파지고

미움도 원한도 없이

괴롭기 한이 없네

1989年 7月 21日
성현이의 성적표 바꿈에 소식을 듣고 못난 어미이기에

희망 봉을 향해

오늘도 시작입니다
가렵니다
태양이 환희 미소 짓는
동쪽 광명의 나라로

산 넘고 바다건너 가시 발길도
지친 몸 한 발짝
찍-옮겨 보렵니다
가다가다 지쳐
목이 타면은

저-숲 속 옹달샘에

목을 축이고

지평선 끝까지 가보렵니다

1989年 10月 30日
삶의 십자가가 너무나 무거워서

고무풍선

터질 듯 터질 듯 공기찬 풍선
터질 듯 터질 듯 물 가득찬 풍선
발길세레 주먹세레
다리폭탄

드디어 오늘에 터지고 말았구나
조심조심 이십 년 세월
잘도 간직했는데
너무도 힘들었나
너무도 무거웠나

툭탁 와르르 터지고
잡을 수도 모을 수도 없는
이 사연들 두고두고
책갈피에 꽂아 간직한 채
내일의 꿈속으로 달려만 간다

1989年 12月 22日 밤 1時
냉방에서 잉크가 얼어 글씨를 못 쓰는 성현이를 보며
심사가 괴로운데 부모 노릇도 제대로 못하면서 술을 먹고
콩창 팽창하는 모습이 싫어서

설경

창공에서 내려 보인
지상의 경치가 하도 좋아
하나–살펴보다
쉬어 가려 하였으나
사뿐히 나뭇가지에 앉아
잠이 들었네

어린애들 손뼉 치며
좋아하는 말
앙상한 가지에
하얀 벚꽃 피었네

야단하는 바람에 잠을 깨고서
이렇게 인심 좋은 곳에
잠시 쉬었다

또다시 내갈길 가자 하고
바람도 잔잔한 가지에
앉아서 쉬어 가련가?

1989年 12月 24日
성희 엄마 염세식에 가면서 나무 위의 설경을 보며

무실화

얼굴조차 희미한 채
생각하면 할수록 그리움뿐
텅 빈 가슴은 세월에 걸려있다
바람결에 스칠 때마다
그리고
애달픔은
저-창공의 구름처럼
왔다가 지나가는
당신은!
눈먼 장님인지 귀먹은
사람 같이
소리쳐 불러도 내게
돌아올 가능성 없이

모른 체 돌아가건만

그의 젊은 날을 상상케 하고

오늘도 머리 위에 가만히

내려앉은 백설은

갱연을 가르켜도 당신은

가슴에 피어나는

한 송이 무궁화로 영원하리라

1990年 1月 10日 새벽 2時를 바라보며 삶의 허무감에

고향의 내음

그리도 시련 많던 시절
생각하면 슬픔뿐
그래도 고향의 봄은
정다웠기에

오늘도 향수에 젖다가
머리 돌리려 하고
머나먼 남쪽 하늘 바라보며
기약 없는 그날을 기다리다 못해

얼굴엔 하염없이
두 이자 그려만 간데
하나 둘 그려진 잔주름은
인생의 험한 악산을 이루고

마음은 한없이 젊음이

있건만, 사라지지 않는

시절을 어이하리

1990年 1月 10日 새벽 1時40分
허무하게 보낸 청춘이 그리워서

관악산 밑 서울대

관악산의 넓고 포근품에
내 자식 안겨 주고 파
몇몇 해 면날 인지
헤일 수 없이 참고 견뎌온 세월

주님께 애원하고 졸라대던 나
오늘의 영광이 생 시련가 꿈 이련가
주님께 감사하고 또 감사해도
그 은혜 어디 다 갚을 길 없네

경영대 건물을 돌고 돌면서
내 자식 이 안에 끼워 달라고
몇 번이고 애원하고 보고 또 봐도
수험 번호 눈에 띄지 않아
실망을 하다 다시 한 번 보았을 때

그 번호 뚜렷이 붙어 있을 때
춤을 출까 뛰어 볼까
울어볼까 웃어볼까
무어라 말할까 이 기쁨을

1991年 12月 29日 1時
성현의 합격 번호를 보며

성현의 입학

때는 중춘절
바람조차 살랑대고
내 마음 한없이 기쁨 안고
저-하얀 구름 위에 몸 실어

관악산 상상봉에
사뿐히 내려앉아
나래 펴 너울너울
춤추는 나비처럼

마음껏 춤이라도
추고픈 마음
그 누가 알리요
이 기쁘고 감사함을

이내 품에 간직한 채

은행색 치마 왼손으로 잡으며

넓고나 넓은 대학 교정 전경을

뒤로하고 가벼운 발걸음은

어느새 교문을 나섭니다

1992年 3月 2日
성현의 입학식에 다녀오며

춘화

화창한 날에 화사한 모습이여
만민을 즐겨 주는 너
누군들 싫어하리 누군들 미워하리

수줍다 못해 볼에는 불그래
미소 짓고
깨끗한 마음을 내픔이나 하듯
희다 못해, 하얀
부드럽고 따사하며 포근함에
노-오란 너의 모습들이여

언제라도 피어 다오
언제라도

어느 때 낙화가 될지라도

굵고 좋은 열매

맺어나 다오

1992年 4月 2日
압구정로를 거닐면서 꽃들이 하도 곱고 예뻐서

선운사

선운사에 찾아와 산천 돌아보니
수곡은 두 팔 벌려 반기며
고개도 끄덕인데

그립고 보고픈 인걸의 발자취
가는 곳 어디 뫼 인지?
낯선 사람 여기저기
알 길이 없고

동호 해수욕장 백사장
거닐 때, 밀물소리 쏴 와와
모래찜 하는 아낙네들
노랫가락 흥겨워 장단이나 하듯

주욱 주욱 밀려와 우리를
반겨 주네
석정 온천에 몸을 씻고
선운사에 돌아오니
풀벌레 산새 소리
옛정을 들려준다

1992年 7月 26日
선운사에 놀러 갔다 오면서

장학 증서

누군들 알리요 이 마음
이 기쁨을
천주님께 감사하리
조상님께 감사하리

나만이 알고 싶네
나만이 갖고 싶은 마음을
고이고이 간직하리
어둡고 비바람 쳐 괴로와도

광명의 새날을 맞이하려네
준비하려네
반겨 보렵니다

1992年 8月 16日
우리 애들 건강기원과 성현에게 감사 하면서

내 마음

내 마음 잔잔한
호수처럼
고요하려 해도
누구와 돌을 던지고
가는지?

작고 큰 원을 그려 가는데
한가로이 노니는
고기떼들 행여나
다칠세라 염려스럽네

1993年 2月 7日
삶의 고달픔이 짜증이 나도 어린 자식을 위해 살아가는
여자의 길이기에 참아보렵니다

성현 성적표

꿈엔들 있으리오
생시인들 있으리오

생각도 못 했네
심중에도 없었네
올 A가 웬 말이고

무엇으로 감사 하리
주님 감사합니다
조상님 감사합니다
몇 번이
감사, 감사드리며

성현에게 감사 하며
부족한 어미 감사해도
언제라도 건강하소
건강해 주옵소서

1993年 2月 2日
성현이의 성적표에 올 A를 받은 것을 보며

동심초 갱년초

너와 나 석별이
서른 다섯 해
언제라도 잊으리오
코흘리개 정든 벗들

진달래 따 먹으며
도란도란 넘던 고개
그 시설 어디 뫼 숨겨져
오늘도 너를 찾아 숨 가쁨에도
석양을 바라보며
달려가건만

백설은 봉우리 소리 없이
내려앉고

수 세월 폭풍우에

사태가 져

여기저기 내(川)만

깊이 파여 가는구나

1993年 3月 21日
동창들을 만나고 와서

황혼

피곤함에 곤히 잠들어
몽중에 헤매다
부스스 눈을 뜨고
창밖을 보니

그님은 어느새 황혼에
걸터앉아 날 오라 손짓하며
빙그레 웃는데
저-멀리 수평선 위

흰 돛단 배 위에

길 잃은 갈매기 이리저리

헤매고 무심한 물결만

출렁데며 지나가네

1993年 5月 5日
어느 때 나도 이 어린 시절이 있었든가 하면서

황혼의 민들레

화창한 봄 동산에 올라
산천 바라보니
그 풍경 너무도 아름다워

거 송의 그늘 밑
잠시 쉬어 가련 것이
때아닌 폭풍우 몰려와
그만 날지도 못하고

바위틈에 숨어 피한 것이
백설은 봉우리에 내려
움직임조차 아니하고
석양을 향해

한없는 한숨만

내쉬며 짙어진

노을만 바라만 보네

1994年 4月 12日
벽제 큰 오빠댁에 다녀오며

국화 한 송이

따스한 봄빛 아래
새움 돋아서
곱게 곱게 자라
고운 꽃 한 송이 피려는데

무더운 여름철에
잡초에 묻혀
모습이나 한번 내밀었을까

산들바람 찬 서리에
잡초 시들고
오곡백과 풍성한
가을 언덕에 곱게 핀
저-국화

그 모습 그 향기
뉘라서 싫다리
싫다 하리오

2011年 10月 30日

화분의 국화를 보며 내 인생 한세상 생각하며

매화 3

기나긴 북풍한설
어이 지네고

봄소식 나팔소리에
곤히 잠든 새싹을 깨워

살며시 문을 열고
분홍빛 오 엽 송이 내밀어 보니
만민의 환호소리
천지에 메아리 쳐가네

2012年 4月 15日
매화 벚꽃을 보며 의정부 길을 거닐며

추풍낙엽

칠보단장 고운 옷
갈아입고서
그리운 님 기다리는
저-단풍

겨울 도령 시샘인 양
찬 서리 폭풍우 모두 몰고 와
그 고운 자태 마구
흔들어 대니
힘없이 고개 숙여
눈물 짓더니
팔팔 우수수
낙엽이 지는구나

2011年 11月 12日
낙엽 인생을 생각하며

낙엽

낙엽 지는 소식에
하늘도 서러운 양
대지를 촉촉이 적시더니
추풍은 막바지 힘을 다해 불어
이리저리 날려 낙엽지고

지나는 발길마다
마음 한번 주었다면
이다지도 무참히 짓밟혔을까
행여 한 오라기라도
남아 있다면 모두 다 버리고

돌아오는 봄날에
다시 만나서
고운 꽃 좋은 잎새
보여나 다오

2012年 11月 11日
그 고운 단풍이 비바람에 휘날려 떨어진 것을
사람들이 밟고 지나는 것을 보면서

칠십 고개

귀머거리 소경으로
십 년만 살아보자
다짐한 맘에
한올 한올 한땀 한땀

끈을 이어 저 높은
봉우리에 매여 놓고
그 끈을 잡고 한 고개 한 고개
넘어가 보니
오곡백과 풍성한 가을을 맞아

가지마다 열매가
하두 탐스러워
하나 둘 배낭에 쌓아 담아
등에 지고
상상봉 칠십 봉에
올라서 보니

태양은 서산에 걸터앉아
빙그레 미소 지으며
날 오라 하는구나

2013年 4月 30日 밤 2시
무얼 해놓고 칠십을 먹었을까 허무감에

고요한 밤

바람도 울다 지쳐 잠든 밤
누구를 위해 종을 울리련가
한올 한올 끈을 이여
그 끈 잡고 지친 몸
한 계단 한 계단
무거운 발걸음 저-높은
종각을 향해 오르다
잠깐, 쉬며

뒤돌아보니
내 걸어온 발자취
높고도 험한 길
해는 져 어두워 무섭고 두려움에
다시 갈길 어이 없네

2013年 3月 5日 밤 3時